UN VOYAGE

A

VERSAILLES,

Par Alexandre DE FERRIÈRE.

A PARIS.

1806.

A MADAME H.... T.....

Si je dédiais cet ouvrage
Au don de charmer, réuni
A tous les attraits du jeune âge,
Je tracerais sur cette page
Le nom de la belle H....

Si je recherchais le suffrage
D'un esprit cultivé, poli,
Ayant vingt talens en partage,
Et par les grâces embelli,
Je tracerais sur cette page
Le nom de l'aimable H....

Mais au cœur seul je rends hommage,
Vrai, généreux, fidèle ami,
Des vertus modeste assemblage,
Tel est le cœur que j'ai choisi,
Et j'ai tracé sur cette page
Le nom de la bonne H....

ALEXANDRE DE FERRIERE.

UN VOYAGE

A

VERSAILLES.

Paris, 6 mai 1806.

Je reçois, Madame, à l'instant,
Votre aimable et trop courte épitre :
Trop courte ! car sur ce chapitre
Le cœur est toujours exigeant.
Sommes-nous loin de la présence
D'amis qui nous rendaient heureux ?
Nous aimons à tromper l'absence,
En causant, par lettre, avec eux ;
Et le papier officieux
Secondant notre impatience,
Fait disparaître la distance
Et sait rapprocher tous les lieux.
Sur la feuille toujours docile,
Toujours prête à nous obéir,
Oh ! comme on trace avec plaisir
L'expression simple et facile
De tout ce que l'on peut sentir !
Sous la plume vive, empressée,
Jamais la phrase ne languit ;
On se dit et l'on se redit
Jusques à la moindre pensée :
Et, pour ce séduisant récit,
Quoique la ligne soit pressée,
A peine le papier suffit.

C'est ainsi que le cœur soulage
L'ennui d'un long éloignement ;
C'est ainsi qu'il se rend présent
L'ami cher et vrai qui partage
Et ses plaisirs et son tourment !
Aussi, lorsqu'on reçoit le gage
De ce précieux sentiment,
On a le droit certainement,
Et vous en conviendrez, je gage,
De se plaindre en apercevant,
Au bas de la dernière page,
La plus petite marge en blanc.

Et c'est ce que j'ai fait, Madame, après avoir lu deux ou trois fois votre joli billet. Mais ne semble-t-il pas, allez-vous me dire, que nous soyons bien éloignés l'un de l'autre ? Oui, sans doute. Vous êtes, depuis huit jours, au fond d'une campagne, à deux lieues de Paris ; et pour l'amitié comme pour l'amour, il n'est point de petites distances ! Je ne sais même si, pour leur bonheur, les amis n'ont pas besoin de se voir plus souvent encore que les amans. C'est du moins ce que j'éprouve, et vous en penserez ce qu'il vous plaira. Revenons à votre billet.

A peine arrivé de Versailles ; à peine remis des fatigues d'un voyage deux fois aussi long, deux fois aussi périlleux que celui de Saint-Cloud, je dois vous en faire, sur-le-champ, le récit. Vous l'attendez; vous daignez le désirer. Je devine votre motif, et je tremble ! Jugeant d'avance mon voyage d'après ceux que l'on publie tous les jours, vous espérez qu'il amusera, du moins pendant quelques instans, votre impatiente curiosité.

Sur les nombreux feuillets d'un journal historique
  On trace un élégant récit ;
On prend d'abord un ton vraiment scientifique ;
  Ce ton en impose et séduit.
On mêle à la morale un peu de politique ;
On s'occupe de paix, de fortune publique,
De guerre, de commerce, et de ce qui s'ensuit ;
  De tems en tems, avec esprit,
  On étale sa rhétorique.
Habile connaisseur, aux beaux-arts qu'on chérit
  On chante un hymne pindarique ;
Puis, d'un style empoulé, qu'on nomme poétique,
  Avec emphase l'on décrit
  Un site affreux, qu'on embellit
  Par une teinte romantique,
  Ou des mœurs que l'on enlaidit
  Sous un vernis philosophique.
  Si dans ce travail magnifique,
  La source des faits se tarit,
  On en glisse alors de fabrique,
Et c'est presque toujours par eux qu'on réussit :
  Plus d'un voyageur en crédit
Doit ses brillans succès à ce moyen unique,
  Et tout haut il s'en applaudit.
  En vain, contre lui, la critique
  Elève la voix. Il s'en rit.

> Chacun en sa faveur réplique,
> Avec raison, sans contredit,
> Mieux vaut conteur plaisant qu'ennuyeux véridique.

Mais moi, Madame, qui n'ai ni assez d'esprit pour rajeunir les vieilles idées, ni assez d'imagination pour en créer de neuves, comment ferai-je pour ne pas vous ennuyer ? Mon voyage n'a rien de piquant. Hélas! j'ai voyagé comme un bourgeois de Paris se promène le dimanche aux Champs-Elysées.

> Pas la crainte la plus commune !
> Pas un seul voleur ! Pas de bruit !
> Et, jugez de mon infortune,
> Le soir même, au clair de la lune,
> Je n'ai pas vu le moindre esprit !
> En un mot, dans ce jour contraire,
> Le sort écartant tout danger,
> Semblait s'empresser à me plaire,
> Exprès pour me faire enrager.

On n'a jamais été plus cruellement favorisé par lui! Encore, si j'avais à vous raconter une de ces histoires surnaturelles, qu'on aime à lire seul, le soir, en hiver, au coin du feu, et qui font tressaillir lorsque le vent gémit à travers la serrure, ou que le bois enflammé se brise tout-à-coup avec fracas.

Ainsi, dans une chambre antique,
Autour du foyer domestique,
Voyez ces enfans répandus,
Ecouter l'histoire du diable,
Et, par ce récit effroyable,
A chaque instant se montrer plus émus.
D'abord une gaîté bruyante
Semble bannir l'attention,
Mais bientôt l'intérêt augmente.
L'admirable narration
De chacun excite l'attente.
Déjà vers le conteur l'auditoire est tourné;
Déjà, le col tendu, le regard impassible,
Par une force irrésistible
Au sujet il semble enchaîné!
Remarquez la troupe tremblante;
Les rangs se rapprochent sans bruit,
Et plus la frayeur les tourmente,
Plus le cercle se rétrécit.
Tout-à-coup la terreur redouble;
Par de nouveaux efforts le groupe s'est pressé :
Le conteur lui-même, oppressé,
Entend faiblir sa voix : il s'émeut; il se trouble,
Il se hâte, il arrive enfin au dénouement.
Un silence profond succède en ce moment;
Et, par un pouvoir que j'ignore,
L'auditoire frémit! Mais il écoute encore.

Voilà, Madame, l'effet que je voudrais produire; car les hommes, et les femmes aussi, sont de grands enfans! Plaignez-moi donc de n'avoir à vous dire que des choses très-ordinaires.

Cependant vous me menacez de votre colère, si je n'obéis à vos ordres, déguisés en prières. Je cède, mais

    Que votre indulgence m'approuve,
    Rappelez-vous ce qu'on a dit ;
    Alors qu'il peint ce qu'il éprouve,
    Le cœur a toujours de l'esprit.
    C'est au mien seul que je confie
    Tous mes droits à votre faveur !
    Ah ! pour les juger sans rigueur,
    Mettez aussi, je vous en prie,
    Tout votre esprit dans votre cœur.

Je commence. Monsieur B...... venait d'ébaucher, à ma prière, et pour moi, un tableau du crépuscule du soir. Quoique familiarisé avec les beautés de la nature ; quoiqu'habitué à les rendre avec succès, il voulait, avant de continuer son ouvrage, consulter encore son modèle.

    Il disait bien que de cette nature
    Si riche, si féconde en sublimes effets,
    Malgré tous ses efforts, l'étude la plus mûre
    Était loin de connaître encore tous les secrets.
        Puis il ajoutait qu'en peinture
    Il n'avait jusqu'alors produit que des essais.
        Mais sa modestie affectée,
        Entre nous, n'était qu'un détour ;
        Et par cet hommage, à son tour,
    Il croyait appaiser la nature irritée
        Des vols qu'il lui fait chaque jour.

M. B..... me proposa de l'accompagner dans la course que nécessitait cette étude d'après nature. J'acceptai avec empressement.

Mais de quel côté nous diriger? Paris ne nous offrait aucune ressource.

A travers les vapeurs d'une atmosphère impure,
Les objets ont perdu leur brillant coloris;
 Ville de boue et d'imposture,
 Hélas! ce malheureux Paris
 Est celui, de tous les pays,
 Où l'on voit le moins la nature!

Il fallut donc chercher, dans ses environs, un site favorable à notre projet. Je proposai tour-à-tour

 Mousseaux, qui d'un prince peu âge
 Fut un des projets les plus foux;
 Bagatelle, ce rendez-vous
 Des ridicules de tout âge,
 Dont le mobile paysage
 Change encore moins que nos goûts;
 Longchamp, qu'un mistique feuillage
 Voile sous ses épais berceaux;
 Surenne, qui, sur ses côteaux,
 Bravant et le nord et l'orage,
 Offre à Bacchus des vins nouveaux,
 Dont ce dieu refuse l'hommage;
 Saint-Cloud, fameux par un voyage,
 Par ses fêtes et par ses eaux;

Sèvres, dont l'Europe envieuse
Admire les vases sans prix;
Bellevue et ses verts tapis,
Qu'arrose une onde sinueuse,
Captive dans mille replis.
Meudon, qu'en son humeur joyeuse,
Rabelais illustra jadis;
Sceaux, dont le souvenir fidèle
Au cœur, comme à l'esprit, rappelle
Tant de vertus et de talens,
Depuis Dumaine, Fontenelle,
Launai, Saint-Aulaire et Chapelle,
Jusqu'à Penthièvre et Florian;
Fontenai, dont les champs de roses
Ont inspiré des vers heureux,
Des vers frais et voluptueux
Comme leurs fleurs à peine écloses;
Romainville, dont les lilas
Rompent sous le poids de leurs gerbes;
Saint-Gervais, dont les prés superbes
Dans ce mois offrent tant d'appas;
Vincenne et son antique ombrage,
Si cher au meilleur des Louis;
Montmorenci, dont l'hermitage
N'est pas moins connu que les fruits;
Moulin-Joli, que son rivage......!

J'aurais pu continuer : M. B...... m'écoutait sans m'interrompre. Je me souvins enfin qu'il m'avait témoigné le désir de voir Versailles; je proposai cette ville. Oui, me dit-il,

Du génie et de la grandeur
Versaille offre par-tout l'empreinte;

J'aime à parcourir son enceinte ;
Par-tout l'art s'y montre en vainqueur :
Il est ailleurs plus d'un modèle ;
Mais lorsque j'aurai sous les yeux
Ces monumens prodigieux
Des succès obtenus sur elle,
La nature sera plus belle,
Ou du moins je la verrai mieux !

Je partageai son enthousiasme ; il fut décidé que nous irions à Versailles. Nous nous préparâmes sans délai à ce grand voyage ; et le jeudi, 1er. mai 1806, à 7 heures, 2 minutes, 55 secondes du matin, nous partîmes de Paris, après avoir mis ordre à nos affaires et pris congé de nos amis.

Près de ce pont célèbre, où se déploie et flotte
L'auguste pavillon de l'antique galiote ;
Sur ces bords illustrés, où le jeune badaud
Commence de Saint-Cloud le voyage par eau ;
Avez-vous remarqué la bizarre structure
    De ces phaétons complaisans,
    Qui, pour trente sols par figure,
    S'ouvrent sans choix à tous venans.
    Quatre planches mal assemblées,
    Avec adresse cependant,
    Sur chaque face ciselées
    Par plus d'un insecte rampant,
    Servent de support élégant
    A quatre pièces morcelées

D'un cuir, autrefois suffisant,
Mais dont les fibres mal huilées
Ont ouvert, en se contractant,
Des routes larges, cannelées,
Par où les eaux amoncelées
Se précipitent en torrens,
Pour être ensuite distillées
Sur le voyageur imprudent.
Je ne vous parle pas du vent ;
Car dans ces machines filées
De côté, derrière, devant,
Par trente brèches étoilées
Il pénètre comme en plein champ.
L'intérieur de la voiture
Répond à ces nobles dehors,
Une mince et frêle doublure,
Par mainte et mainte déchirure,
Du tems constate les efforts.
Pour dissimuler ce ravage,
Un court et modeste rideau,
Composé de plus d'un morceau,
Vient, par son grotesque assemblage,
Former le fond de ce tableau.
Entre les deux brancards, un vieux cheval existe;
Ah ! pour vous le peindre en deux mots,
Figurez-vous celui que Jean l'évangeliste
Aperçut autrefois dans l'île de Pathmos !
Pressé par le fouet implacable
Qui l'atteint à chaque moment,
L'animal trotte lourdement,
Et sous la charge qui l'accable,
Il semble expirer lentement,
Tandis que d'une main savante,
De sa moderne rossinante,
Soutenant les pas chancelans,
Afin d'en ranimer la force défaillante,

Le cocher, presqu'en même tems,
Prodigue les mots carressans,
Les coups et les éclats d'une voix effrayante.
Sur son siège étroit, le rustre à peine assis,
Montre autant de fierté sur sa mine hardie,
Qu'un auteur qui vient d'être admis
Aux honneurs de l'Académie.
Sans désir et sans embarras,
De son char triomphal heureux propriétaire,
Malgré son vêtement qui trahit sa misère,
Il chante, il siffle, il rit tout bas;
Et sûr du gain de sa journée,
Il ne voudrait peut-être pas,
Contre toute autre destinée,
Changer son utile cabas.
Il est content de son partage!
Ce cabriolet précieux,
Jusques à lui, par héritage,
Est venu d'âge en âge
Et d'aïeux en aïeux;
Et cet éternel équipage,
Après lui doit, en apanage,
Passer encore à ses neveux!

Nous louâmes un de ces monumens de l'ancienneté des arts en France; et malgré la facilité que nous avions de n'en prendre que la moitié, nous le louâmes tout entier, afin d'éviter la mauvaise compagnie, ou la compagnie ennuyeuse, qui est encore pire.

Nous traversâmes, sans accident, le quai des Tuileries; bientôt après, nous laissâmes, sur notre droite, les Champs-Elysées; sur notre gauche, les Invalides; et nous arrivâmes, en moins d'une heure et demie, à la barrière de la Conférence.

Nous avions alors devant nous l'immense plaine de Grenelle, et, au-dessus de nos têtes, les jardins suspendus de Chaillot et de Passy.

C'est de ce lieu qu'on aperçoit
Un monastère qui, de droit,
Devait être détruit dans le siècle où nous sommes :
Cet asile modeste, étroit,
En France était le seul endroit
Où l'on rencontrât des bons hommes !

On en a fait une filature de coton. Nous nous en éloignâmes, après avoir payé à la barrière le droit de dégrader la grande route.

Les premières terres que nous aperçûmes en sortant de Paris, fixèrent toute notre attention. Nous voyions s'arrondir sous nos yeux ce riche bassin que fertilise la Seine, et que couronnent, dans un lointain azuré, des collines couvertes d'habitations charmantes.

Rappelant à notre mémoire
Ce qu'un auteur ingénieux
A raconté de plus notoire
Sur ce pays délicieux.

Nous

Nous fûmes vraiment curieux
D'en constater un peu l'histoire.
Mais cet examen rigoureux
Tourna tout entier à sa gloire,
Nous en convînmes tous les deux.
Nous remarquâmes que la Seine
Coule encor du même côté ;
Qu'Auteuil est toujours habité,
Et que, vis-à-vis, dans la plaine,
Javelle à sa place est resté.

Comme vous avez lu, Madame, le *Voyage de Paris à Saint-Cloud*, je ne vous décrirai point les contrées célèbres qui séparent ces deux villes si fameuses ; mais je vous parlerai d'un monument qui n'existait pas encore à l'époque où écrivait l'illustre auteur de la rue Saint-Denis ; ce qui fait qu'il n'en dit rien dans son ouvrage.

Ce monument attire de très-loin les regards du voyageur. C'est une colonne de proportion colossale, qui supporte une petite rotonde, imitée de l'antique, et connue parmi les savans et les artistes, sous le nom de *Lanterne de Démosthènes*. Elle s'élève majestueusement sur la colline de Saint-Cloud, en face des appartemens de l'Empereur. Nous trouvâmes cette lanterne fort belle et fort bien à sa place ; elle nous rappela celle

B

de Diogènes, et il nous sembla que ce dernier n'aurait pu choisir pour la sienne un autre lieu.

> Dans cette Grèce qu'on renomme,
> Au sein d'Athènes cependant,
> En vain le cynique impudent
> En plein midi cherchait un homme
> Digne, à ses yeux, d'un nom si grand.
> Dans son choix il était sévère.
> Par ce nom seul il entendait
> L'être au sublime caractère,
> Qui, né pour gouverner la terre,
> Tout à la fois est en effet
> Propre à la paix, propre à la guerre,
> En un mot, un héros parfait.
> Mais s'il eût, d'un pareil projet,
> Aujourd'hui conçu la pensée,
> Bientôt la lanterne sensée
> Eût à Saint-Cloud vu son objet,
> Et le cynique satisfait,
> Dans ce lieu même l'eût laissée
> Auprès de l'homme qu'il cherchait.

Moitié observant, moitié dormant, nous avancions; et, de secousses en secousses, nous entrâmes dans la ville de Sèvres, si renommée pour ses gâteaux! Bientôt nous reconnûmes l'honnête cabaret où tous les équipages semblables au nôtre, s'arrêtent régulièrement en allant de Paris à Versailles et de Versailles à Paris.

Depuis quatorze ans qu'il faisait,
Chaque jour, deux fois ce voyage,
L'animal qui nous conduisait
(J'entends le cheval, s'il vous plaît)
Avait si bien pris cet usage,
Qu'il n'eût assurément pas fait
Un pas de plus dans le village.
Ce bon cheval me rappelait
Le Pégase de maint poëte :
L'auteur, dans sa fougue indiscrète,
Croit franchir le double sommet,
Sans soupçonner que sa mazette,
Par une habitude secrète,
S'est arrêtée au cabaret.

Heureusement, Versailles n'était pas pour moi l'Hélicon ; sans cela, je serais peut-être encore à Sèvres. Nous en fûmes quittes pour une demi-heure d'attente, qui, jointe aux trois heures écoulées depuis notre départ, nous prouva combien la patience est nécessaire dans les voyages de long cours.

Nous allions enfin nous remettre en route, lorsqu'une voix doucement modulée demanda s'il n'était pas possible d'occuper, dans notre voiture, une troisième place, en partageant les frais. Nous regardâmes avec empressement du côté d'où venait cette voix ; nous vîmes un jeune homme d'environ seize ans, dont les traits, le teint et l'air de candeur démentaient les vêtemens. Il avait réellement l'air d'une jeune et jolie fille. Nous nous regardâmes,

> Et dans pareille circonstance,
> Dites-moi quel cœur de rocher
> Pourrait ne pas se reprocher
> L'égoïsme et l'indifférence !
> Nous nous sentîmes à l'instant
> Tous deux portés à l'obligeance,
> Et nous offrîmes vivement
> Une place sur le devant......
> Mais honni soit qui mal y pense.

L'intéressant voyageur accepta notre offre. Hélas ! le jeune homme était bien en effet un jeune homme. Cependant nous ne regrettâmes point de lui avoir rendu service; et si vous voulez réfléchir un peu, Madame, aux mouvemens du cœur humain en pareil cas, vous nous saurez, j'en suis sûr, quelque gré de notre générosité.

La voiture partit. Nous gardions tous trois le silence. Notre jeune compagnon de voyage tira de sa poche un paquet qui semblait le gêner. C'était un étui en peau qui renfermait une flûte. Je voulais ouvrir la conversation ; je pouvais choisir entre ces deux phrases : *Il fait bien beau !* ou *il fait bien chaud !* j'aimai autant dire : Monsieur est musicien ? Non, répondit le bel inconnu.

>Je ne me flatte pas de l'être :
>Cet instrument mélodieux,
>Sous les doigts d'un autre peut-être,
>Rend des sons plus harmonieux.
>Mais je n'en suis pas envieux ;
>Sous les miens il fait toujours naître
>Le bonheur, et cela vaut mieux.

Il s'arrêta et rougit. Mes questions devinrent pressantes. Il hésita, mais

>On veut en vain ne rien laisser paraître,
>Le sentiment est toujours indiscret ;
>Du jeune cœur dont il s'est rendu maître,
>Jamais l'amour n'a gardé le secret !

J'adore Constance de R....... et j'en suis aimé, nous dit notre aimable et confiant voyageur. Hélas ! il n'y a pas encore une année que la même ville, la même maison, le même appartement nous réunissaient ! Maintenant, elle habite Versailles, et moi je suis resté en exil à Paris ! Ma mère y fait sa résidence. Dans ces tems d'odieuse mémoire, où la vertu, les honneurs et la richesse conduisaient à l'échafaud, madame de R......, proscrite, sans biens, sans amis, sans asile, trouva chez ma mère, une retraite honorable et sûre, à laquelle elle doit son salut. J'atteignais alors ma septième année; Constance en avait cinq.

>Crédule et sans expérience,
>Long-tems après ce jour heureux,
>Je n'avais encore, dans Constance,
>Qu'un compagnon de mon enfance,
>Venu pour partager mes jeux.
>Constance m'appelait son frère,
>J'appelais Constance ma sœur;
>Mais enfin, au fond de mon cœur,
>Un sentiment involontaire
>D'une amitié, d'abord si chère,
>Me fit accuser la froideur:
>Je m'écriais dans mon erreur:
>T'aimer plus encor que ma mère,
>T'aimer d'une toute autre ardeur,
>Employer mes jours à te plaire,
>Mais jouir seul de ce bonheur;
>Voilà comme je suis ton frère!
>Alors, d'un accent enchanteur,
>Mon ami, répondait Constance,
>Ce que tu sens en ma faveur
>Est aussi tout ce que je pense;
>Voilà comme je suis ta sœur!

Notre amour, car ç'en était, croissait avec nous; l'espoir d'un prochain mariage vint l'augmenter encore. Ma fortune est médiocre;

mais j'étais riche alors pour Constance, qui avait tout perdu. Ma mère, supérieure à une pareille considération, s'aperçut que j'aimais Constance et me promit sa main. Elle me disait :

    Laissons l'imbécille opulence,
    D'autres tourmens avide encor,
Calculer froidement un nœud de convenance,
    Et vendre sa lourde existence
Pour un poids aussi lourd de repentir et d'or.
Au cœur seul appartient le choix de son amie.
    Cher Adolphe, jusqu'à ce jour,
C'est au tien que tu dois ton sort digne d'envie;
    Que pour toi l'hymen soit l'amour
    Fixé près de toi pour la vie.

Madame de R........ consentit au projet de ma mère; et je voyais, dans une douce attente, approcher le terme de mon union avec Constance, lorsque des lois équitables rendirent à madame de R........ tous les biens dont elle avait été si injustement dépouillée. Cet évènement me combla de joie. Ma mère, elle-même, s'en réjouissait, oubliant, dans cette occasion, les craintes qu'aurait dû lui inspirer son expérience, et qui ne tardèrent pas à se réaliser.

B 4

Des leçons de l'adversité
C'est rarement que l'on profite ;
Leur souvenir cède si vite
Aux efforts de la vanité !
En vain nous convenons de cette vérité,
Que toujours bizarre et légère ;
Aveugle, femme et déité,
La fortune obéit, ensemble et sans mystère,
Au caprice, par caractère,
Au hasard, par nécessité.
Le revers le moins mérité
Nous semble toujours un outrage,
Dont l'orgueil ne se dédommage
Qu'à force de prospérité.

L'ambition de madame de R......, engourdie seulement par le malheur, se réveilla bientôt; il lui fallut des honneurs, des richesses, pour les ajouter à ceux qu'elle venait de recouvrer. Je n'avais rien de tout cela à lui offrir; je ne fus plus pour Constance qu'un parti à dédaigner.

Cependant, madame de R...... n'osa pas nous laisser apercevoir en entier cet injuste changement. On veut bien être ingrat; on ne veut pas le paraître. Elle se contenta de déclarer que mon âge et celui de sa fille exigeaient que notre union fût différée au moins de trois ans.

Messieurs, j'en appelle à vous-mêmes,
N'était-ce pas m'assassiner?
A tout âge, lorsque l'on aime,
Le besoin du bonheur peut-il donc s'ajourner?

Je n'en crois rien, et Constance est de mon avis. De tems en tems, à l'insu de nos mères, nous nous voyons au parc, le soir, et sans autre témoin qu'une bonne amie, confidente nécessaire de notre secret. Cette flûte me sert à donner, sous les fenêtres de Constance, un signal toujours desiré, toujours entendu; elle me sert encore à guider, dans les détours du parc, les pas de ma jeune amie. Jugez de quelle inquiétude mortelle vous m'avez délivré.

Oh! combien de reconnaissance,
Messieurs, je vous dois en ce jour;
Sans vous, sans votre complaisance,
Je n'aurais pas vu ma Constance;
Elle eût douté de mon amour!
Ce matin, presqu'avec l'aurore,
Il est vrai, j'étais en chemin:
Mais Versaille est si loin encore!
Et le soleil, vers son déclin,
Déjà penche et se décolore.

Et nous étions à une demi-lieue de Versailles! et le soleil marquait à peine midi! Mais les amans! les amans! Adolphe, pour arriver à tems, s'était levé avec le jour; et n'ayant pas trouvé de voiture sur la place, il s'était mis en route à pied.

  Aimable et bouillante jeunesse,
  Saison heureuse des amours,
  Que n'ai-je encore ton ivresse!
  Je l'entends condamner sans-cesse,
  Je la vois regretter toujours.
  Chaque heure de ton existence
  Te laisse un riant souvenir,
  Et riche d'un long avenir,
  A ton gré l'ordonnant d'avance,
  Des chimères de l'espérance
  Tu vois le présent s'embellir.
  Loin de toi la sagesse austère
  Qui te défendrait d'en jouir.
  Ton âge est celui du désir,
  Ton sort est d'aimer et de plaire;
  Ton premier charme est le plaisir.
  Du plaisir la fleur éphémère,
  La fleur si facile à flétrir,
  Sous d'autres doigts peut se ternir;
  Mais ta main adroite et légère,
  Sans le faner, sait la cueillir.
  Aimable et bouillante jeunesse,
  Saison heureuse des amours,
  Que n'ai-je encore ton ivresse!
  Je l'entends condamner sans-cesse,
  Je la vois regretter toujours.

Je me livrais à ces réflexions; et, depuis long-tems, Adolphe avait terminé son récit, lorsque tout-à-coup, au détour de la grande avenue, le château de Versailles se développa devant nous : quelques tours de roue encore, et nous fûmes à la barrière de la place d'armes. Nous y mîmes pied à terre. Il était midi, vingt-une minutes et trois secondes ; nous n'avions été que cinq heures environ à faire les quatre lieues qui séparent Versailles de Paris. Nous rendîmes grâce à dieu de la rapidité et de l'heureux succès de notre voyage, et nous nous séparâmes, avec regret, de l'intéressant Adolphe, dont la conversation nous avait prévenus en sa faveur. Il voulut acquitter sa part des frais de la route ; nous nous y opposâmes ; et le cocher, pour nous accorder, prit son argent et le nôtre, en nous promettant de boire un coup de plus à notre santé. Adolphe nous quitta. Adieu, lui dîmes-nous, en lui serrant la main.

    Adieu, jeune homme ; et que l'amour
    Exauçant notre vœu sincère,
    Vienne, sur l'aile du mystère,
    Hâter pour vous la fin du jour !

Tandis qu'il s'éloignait, un de ces nombreux Cicéronis qui attendent, sur la place d'armes, les voyageurs curieux, offrit de nous faire connaître Versailles et ses merveilles. Sans attendre notre réponse : *Remarquez, Messieurs*, nous dit-il, *à droite et à gauche de la grande avenue, les écuries dans la construction desquelles on employa, pour la première fois, la coupe des toits inventée par François Mansard.*

A ce nom, dans les arts si fameux et si beau,
Nous ne pûmes nous défendre
De lever notre chapeau;
Et comme si son ombre eût encore dû m'entendre:
Toi qui, peut-être en ce moment,
Avec intérêt nous regardes,
M'écriai-je, reçois le vif remerciment
Que tout poëte bien pensant
Et tout peintre reconnaissant
Doivent à l'auteur des mansardes!

Ce mouvement oratoire était sublime; mais si les poëtes et les peintres ont de nobles sentimens, ils ont aussi bon appétit. Vous frémirez, Madame, quand je vous dirai

Que ce jour même, de Paris,
En véritables étourdis,
Et par un trait bien condamnable,
Tous les deux nous étions partis
Sans daigner nous asseoir à table.
D'une imprudence aussi coupable
Nous reçûmes bientôt le prix.

Nous étions à peine sortis
De notre équipage incroyable,
Que par une faim implacable
Nous nous sentîmes assaillis.
Ventre affamé n'a point d'oreilles;
J'ajoute ici qu'il n'a point d'yeux :
Pour nous Versaille et ses merveilles
N'avaient plus rien de curieux.
Notre guide parlait encore ;
Mais, sans égard pour l'orateur,
Et tandis que seul il pérore
Sur le château, sur sa splendeur,
Et sur ses jardins qu'on restaure,
Nous courons au restaurateur.

En descendant la rue des Réservoirs, une enseigne frappe nos regards. *Madame Rimbaut; au Juste.* Ce peu de mots nous décida en faveur de l'hôtesse. *Au Juste !* Cela est si rare ! dans une auberge, sur-tout ! Nous entrons.

Là, tandis que, sur la contrée,
Phébus, du haut de l'empirée,
Verse une brûlante vapeur,
Une chambre bien aérée,
Du nord concentrant la fraîcheur,
Offre une retraite assurée
Contre la faim et la chaleur.
Bientôt, en effet, sur la table,
Parait l'oiseau fameux du Mans,
Qui, né sous un astre implacable,

Mourut deux fois à son printems.
Près de lui, la feuille dorée
De la laitue, au cœur d'airain,
S'unit, dans un heureux dessin,
A la capucine empourprée,
Au cerfeuil, honneur du jardin.
Vis-à-vis, la fraise odorante,
A travers un voile opportun
De sucre en neige éblouissante,
Laisse évaporer son parfum.
Enfin, au milieu de la glace,
Brille un vieux flacon de Vougeot,
Qui, depuis dix ans, au caveau
Occupait la première place,
Et que, par égard pour sa race,
Nous jurons de boire sans eau.

Nous attendîmes ainsi avec résignation que l'extrême chaleur, un peu diminuée, nous permît de nous livrer à la fatigue que nous préparait notre curiosité.

Après notre repas, car tout finit ici bas, nous nous arrangeâmes avec notre hôtesse pour le souper et la nuit; et, tranquilles sur cet important article, nous nous acheminâmes vers le parc. Il était trois heures.

En arrivant sur la terrasse du parterre d'eau, nous vîmes par-tout la sécheresse et l'aridité. Les jardins, les bosquets même ne nous offraient point ces ombres vaporeuses et bleuâtres, ces ombres poétiques,

A tous les artistes si chères,
Qu'on admire dans leurs tableaux;
Mais peut-être moins nécessaires
A l'étude encor qu'au repos.

M. B....... me proposa d'aller les chercher dans les bois de Satori; il me les montrait dans le lointain. Je fus bientôt décidé.

Nous descendîmes les larges degrés de l'orangerie, et côtoyant la pièce d'eau des suisses, vers les potagers, nous arrivâmes lentement auprès de la statue de Marcus-Curtius, se dévouant aux dieux infernaux.

On dit que l'illustre Bernin
Voulut d'abord, dans cet ouvrage,
Du grand Louis tracer l'image.
Les bienfaits de ce souverain
Méritaient ce flatteur hommage :
Le fait me paraît donc certain.
Mais en vain l'humaine science
De quelques succès se prévaut;
Le Bernin s'aperçut bientôt
Que, malgré sa reconnaissance,
Son œuvre avait le grand défaut
De manquer à la ressemblance.
Le pauvre cavalier, confus
De cette école impardonnable,
Et ne sachant peut-être plus
Que faire, à quel saint favorable
Vouer son prince *in partibus*,
Finit par l'envoyer au diable,
Sous les habits de Curtius.

Nous nous arrêtâmes pour examiner avec attention cet ouvrage d'un grand maître; mais presqu'à l'instant, soit l'effet de l'admiration, de la chaleur, ou du Clos-Vougeot, nous sentîmes nos yeux s'appesantir malgré nous.

Le glacis qui, dans cet endroit, couronne la pièce d'eau des Suisses, est revêtu d'un épais gazon, que tapissent mille fleurs variées, et qu'ombragent les cîmes touffues des blancs de Hollande plantés sur ses bords.

> Dans ce lieu charmant, le silence,
> L'épais ombrage et la fraîcheur
> Semblent, par leur intelligence,
> Fixer ce sommeil enchanteur,
> Paisible comme l'innocence,
> Et de notre faible existence,
> Charme heureux et consolateur !
> Au sein des fleurs il y repose,
> Bercé par les doux souvenirs ;
> Pour lui, des amours, des plaisirs,
> Le groupe aimable se compose
> Au gré de ses plus chers désirs,
> Et les rêves couleur de rose
> Font, à sa bouche demi-close,
> Murmurer de tendres soupirs.

Entraîné par sa puissance, j'observai à M. B....... qu'il y aurait de la folie à aller chercher plus loin des ombres moins agréables, peut-être. Nous nous laissâmes doucement aller sur le gazon, et nous nous endormîmes.

Le

Le Clos-Vougeot me servit à souhait : je lui dois un rêve, un rêve dont je me souviendrai long-tems!

>Je vous le tairai cependant :
>Il est des choses dans la vie
>Qu'on ne peut croire qu'en rêvant.
>Pour qui ne dort pas c'est folie.
>Mais de ces songes imparfaits,
>Telle est la séduisante ivresse,
>Qu'il faudrait les faire sans-cesse,
>Ou bien ne les faire jamais.

Malheureusement, je m'éveillai trop tard ou trop tôt. Nous avions dormi assez long-tems. Le soleil, descendu vers l'occident, donnait aux ombres une forme allongée. La chaleur était supportable. Nous nous rapprochâmes du château par l'allée du Mail, dont les arbres sont si majestueux.

>Nous parcourûmes lentement
>Sa voûte immense, dont le ceintre
>Offrait sans-cesse à notre peintre
>Quelque sujet d'étonnement.
>Ici, d'une tige élégante
>Il admirait le mouvement;
>Plus loin, d'une cîme ondoyante
>C'était l'heureux balancement
>Et la forme toujours changeante
>Au gré du zéphir inconstant.

Souvent, des lois de l'harmonie
Il étudiait le secret,
Et cherchait, d'une main hardie,
A lever ce voile discret
Qu'en faveur même du génie
La nature entr'ouvre à regret.

A force de marcher, nous atteignîmes de nouveau les dégrés de l'orangerie. Nous respirâmes avec délices le parfum de ses fleurs, qu'un air moins échauffé laissait moins évaporer ; et, traversant une seconde fois le parterre des fleurs, nous descendîmes vers le bassin de Latone. Nous applaudîmes au châtiment de ces vilains paysans de Libie,

Qui dans leur brutale gaîté,
Loin de soulager sa misère,
Osaient insulter la beauté,
Et voulaient augmenter, par leur férocité,
Les tourmens affreux d'une mère.
Nous gardons tous le souvenir
Des sentimens profonds qu'éprouva notre enfance :
A cet âge, le cœur puise avec véhémence,
Dans la douleur ou le plaisir,
Ces mouvemens de haine ou de reconnaissance
Qu'on ne voit jamais s'affaiblir.
Ainsi l'impiété cruelle
De ce peuple dur et félon,
Chez le jeune et tendre Apollon
Fit naître une horreur éternelle
Pour cette insipide boisson,

Cause de toute la querelle.
Il jura qu'au double côteau
Sa disgrace serait complète,
Et que jamais un buveur d'eau
Ne pourrait être un bon poëte.

Et l'Hypocrène, allez-vous me dire ? Madame, nos plus aimables poëtes vous assureront que cette merveilleuse fontaine des Grecs n'était autre chose que notre vin de Champagne mousseux.

Un spectacle assez amusant nous attira du côté du tapis vert. Un antique essai, renouvelé à chaque instant, et toujours sans succès, rassemblait en ce lieu beaucoup de monde. Les yeux couverts d'un mouchoir qui ôte tout accès au jour, une personne se place au milieu de l'un des petits côtés de cet immense carré : elle s'engage à le parcourir dans toute sa longueur, sans en sortir, ni à droite, ni à gauche. Les paris s'offrent en foule ; et jamais encore l'aveugle marcheur n'a gagné la gageure. L'envie de philosopher me prit en ce moment ; à qui ne prend-elle pas ? C'est ainsi, m'écriai-je tout bas,

C'est ainsi que, dans tous les tems,
Sur les routes de cette vie,
L'homme aveuglé par la folie,

Et toujours guidé par ses sens,
Se flatte d'arriver à la philosophie
Et de maitriser ses penchans.
Mais, dans un moment de faiblesse,
Le philosophe mal-adroit,
De son but s'écartant sans-cesse,
Sort bientôt du sentier étroit
Qui seul conduit à la sagesse.

Semblables aux disciples d'Aristote, nous marchions en philosophant, et nous étions en face du bassin d'Apollon. Le dieu, sur son char presque submergé, semble se hâter de terminer sa course.

Phébus cesse, dans ce moment,
D'être le dieu de la lumière;
Son regard est impatient,
Son attitude ardente et fière.
Apollon n'est plus que l'amant
D'Amphitrite. A l'empressement,
Au désir qu'il montre de plaire,
On devine facilement,
Chez la déesse qui l'attend,
Ce que le dieu peut aller faire.

Derrière lui, nous aperçûmes le grand canal, semblable à un vaste lac, quand des eaux abondantes l'alimentaient; mais aujourd'hui, semblable à une immense prairie. Ce canal m'en rappela un autre, dont l'exécution n'aura probablement jamais lieu.

On sait unir avec adresse
Deux fleuves, étonnés d'avoir un lit commun;
Quel mortel voudra donc enfin en creuser un
Pour le Pactole et le Permesse?

Cependant le soleil cachait ses derniers rayons derrière les arbres élevés de la petite Venise, et leur éclat affaibli s'éteignait insensiblement dans les airs.

M. B......, également séduit par l'heure et le lieu, se décida pour son étude. Nous nous assîmes au pied du groupe d'Ino et Mélicerte, et tandis qu'il salissait sa toile, je barbouillai mon papier.

Déjà l'obscurité s'unit à la lumière;
Déjà de l'occident les mobiles couleurs,
Du jour à son déclin prolongeant la carrière,
Vont s'éteindre avec lui dans d'humides vapeurs.

Des jeunes arbrisseaux les tiges ondoyantes
Annoncent au vallon le réveil de Zéphir,
Et les airs, agités par ses ailes brillantes,
Se chargent des parfums qu'à Flore il sait ravir.

Ce limpide ruisseau, dans son lit de verdure,
Caresse, en la baignant, chaque tige de fleur.
J'entends courir ses flots, et leur léger murmure
A porté dans mes sens le calme et la fraîcheur.

Que j'aime les détours, que j'aime le silence
De ces sombres bosquets, chers à plus d'un amant!
Sur leurs rameaux courbés le plaisir se balance,
Le mystère épaissit leur feuillage tremblant.

Mais, du sommet des monts l'ombre s'est emparée ;
L'œil ne distingue plus l'image qu'il poursuit,
Tandis que lentement, de la voûte éthérée,
Le sommeil bienfaiteur descend avec la nuit.

Sur le cristal des cieux scintillent les étoiles,
Des heures du repos commence le retour ;
La nature s'endort sous de paisibles voiles,
Que levera bientôt l'aurore d'un beau jour.

Les ombres en effet se prononçaient à chaque instant davantage, et la lune brillait en reflets tremblottans sur les eaux du bassin légèrement ondulées. Nous nous levâmes pour regagner notre logis, et nous nous enfonçâmes dans les allées sinueuses de la petite Venise.

Tout-à-coup, les sons lointains d'une flûte frappent nos oreilles.

Lorsque la nuit, au cours silencieux,
A versé le repos sur toute la nature,
Lorsque des airs, que la fraîcheur épure,
Le calme s'embellit du bruit harmonieux
De l'onde qui fuit et murmure,
Ou du zéphir capricieux
Qui folâtre sur la verdure ;
Rappelez-vous le sentiment
Qu'excite dans l'âme attendrie,
La simple et tendre mélodie
De la voix ou d'un instrument.
Rappelez-vous sur-tout comme le charme augmente,
Comme il captive tous nos sens,
Lorsque la romance touchante
Fait entendre ses doux accens,
Et que, du vent du soir, l'haleine caressante,

Malgré nos efforts impuissans,
A notre oreille impatiente
Ne transmet que des sons faibles et languissans.

Telle était notre situation. Les bras alternativement portés en avant, le col tendu, la respiration insensible, nous marchions sur la pointe du pied, nous efforçant de ne rien perdre de la romance qu'une voix charmante venait de commencer. Notre peine ne fut point inutile, et nous entendîmes, assez distinctement pour les retenir, ces deux couplets, interrompus souvent par les sons de la flûte, qui, toujours les mêmes, nous parurent un signal convenu.

 O nuit, discrète confidente
 De mes plaisirs, de mon bonheur,
 Tu vas, fidèle à mon attente,
 Combler tous les vœux de mon cœur !
 Déjà, sur la foi de ton ombre,
 Constance erre dans ces détours ;
 O nuit, rends encore plus sombre
 Ton voile si cher aux amours !

 O nuit, que ton reflet suffise
 Pour guider ses pas inquiets,
 Pour éviter une méprise
 Et pour tromper les indiscrets !
 Mais aussitôt que sa présence
 M'enivrera de volupté,
 O nuit, autour de ma Constance,
 Double encor ton obscurité !

La voix achevait à peine, la lune s'enveloppe d'un nuage épais. Nous entendons au même instant le bruissement d'une étoffe soieuse, dont les mouvemens brusques et inégaux annoncent que l'on marche avec crainte et précaution. Curieux de connaître la cause de ce bruit extraordinaire, à pareille heure, nous nous jetons à la hâte derrière un bouquet de jeunes chênes qui bordent le sentier, et nous voyons passer devant nous deux femmes vêtues de robes brunes, dont la teinte se confond avec l'obscurité.

> Telle, au sein d'une épaisse nuit,
> Que, par instans, la foudre éclaire,
> Aux yeux du voyageur qui fuit,
> Apparaît une ombre légère,
> Enfant de la crainte et du bruit :
> En vain le regard la poursuit,
> Après une course éphémère,
> Le fantôme s'évanouit.

Telles, à quelque distance de nous, disparaissent tout-à-coup ces deux femmes perdues dans l'obscurité. Heureusement le bruit de l'étoffe nous indique leur route ; nous les suivons avec précaution ; nous observons que, attentives aux sons de la flûte, elles se dirigent vers le lieu d'où ils partent. Elles en approchent ; une voix timide et tremblante prononce : Adolphe ! Une autre voix, non moins émue, répond : Constance ! Alors parvient jusqu'à nous

> Un bruit charmant, cent fois plus doux,
> Que la flûte, que la voix même ;
> Un bruit qui dit si bien : *je t'aime !*
> Un bruit enfin...... Devinez-vous ?

C'était bien eux, Madame, ce jeune et séduisant Adolphe, notre compagnon de voyage, et cette Constance si bien aimée, si digne sans doute de l'être.

> Mais, favorable aux deux amans,
> La nuit semble même aux étoiles
> Oter leurs feux étincelans.
> Je veux l'imiter, et mes chants
> Ne souleveront point ses voiles.

Qu'ils sont heureux, s'écria M. B........ ! Qu'ils sont heureux, répétai-je ! Et nous nous éloignâmes à grands pas, silencieux et rêveurs.

Nous rentrâmes à l'auberge.

Le souper vint nous distraire :
Sa présence nous rendit
La tranquillité d'esprit
Et la gaieté nécessaire
Pour le bien mettre à profit.
Nous avions un appétit !
Notre appétit ordinaire ;
Aussi ne resta-t-il guère
Des mets que l'on nous servit.

Nous soupâmes donc supérieurement; nous jasâmes de même, et, une fois couchés, nous dormîmes comme nous avions jasé. En vain nous nous étions bien promis de nous éveiller assez matin pour voir l'aurore et le lever du soleil.

Dans sa démarche inégale
Accélérant son retour,
Déjà l'aube matinale
Avait annoncé le jour ;
Déjà le feu des étoiles
Pâlissait à l'orient,
Et la nuit, vers l'occident,
Déjà rassemblait ses voiles,
Moins épais à chaque instant,
Qu'insensible à nos prières,
Le pesant dieu du repos
Fermait encor nos paupières,
Et nous couvrait de pavots.

Nous eûmes beaucoup de peine à nous débarrasser de lui sur les neuf heures. Hâtons-nous, me dit M. B........ de voir le château, et de retourner à Paris.

Nous descendîmes, nous demandâmes la carte. Madame Rimbaut ne l'avait pas perdue, mais elle l'avait cruellement enflée.

> A l'âge qu'elle décelait,
> Au ton qui dans ses propos règne,
> Aux prix que la carte portait,
> Je jurai qu'elle nous trompait,
> Et que cette maudite duegne,
> Dont le calcul nous écorchait,
> A coup sûr de juste n'avait
> Que le titre de son enseigne.

Après avoir payé, nous montâmes au château, dont, en qualité d'étrangers, les appartemens nous furent ouverts sans difficulté.

Nous visitâmes avec un sentiment religieux ce séjour favori du plus illustre de nos rois : chaque pièce, chaque tableau réveillait en nous un souvenir, tour-à-tour noble, touchant ou spirituel ; mais, à chaque instant, notre plaisir était troublé par l'état d'abandon et de dépérissement auquel ce palais semble condamné.

Au milieu du charme et des regrets que nous éprouvions à-la-fois, nous parvînmes dans la grande galerie, l'un des plus beaux trophées que les arts aient élevés à la gloire. Nous nous rappelâmes avec enthousiasme le tems où ces voûtes, maintenant désertes et muettes, rassemblaient autour de Louis XIV, la foule de grands hommes en tout genre qui ont placé son siècle à côté de ceux de Périclès, d'Auguste et de Léon X.

Nous examinions, l'une après l'autre, ces belles compositions dans lesquelles le génie de Lebrun traça, sous d'ingénieuses allégories, l'histoire de Louis XIV depuis 1661 jusqu'en 1678, c'est-à-dire, pendant la période la plus brillante de ce règne fameux. Nous gémissions de leur dégradation, de leur ruine prochaine. Consolons-nous, dis-je, à M. B....., j'espère que ce palais ne sera pas toujours inhabité. Quel séjour plus magnifique, plus digne de lui, pourrait choisir le Héros qui nous gouverne! Ces peintures feront place alors à d'autres qui nous rappelleront des prodiges bien plus étonnans, des prodiges auxquels les contemporains osent à peine croire! Quel champ je vois s'ouvrir à l'imagination de nos artistes! Ici, les premières campagnes de l'Empe eur.

Il commande, et déjà les tems sont arrivés
A d'immortels succès par les dieux réservés !
De la France déjà l'éclipse passagère
La livre plus brillante à l'astre qui l'éclaire.
Son repentir étend l'oubli sur le passé,
Et de tous ses revers l'affront est effacé.
La victoire, naguère à sa voix infidèle,
En faveur d'un Héros s'est fixée auprès d'elle !
Il paraît, il franchit les Alpes en fureur ;
L'Europe désormais a connu son vainqueur,
Et l'Ausonie en vain, dans sa longue mémoire,
Cherche un seul souvenir rival de tant de gloire !

Là, l'étonnante expédition d'Egypte.

Du commerce de l'orient,
L'Egypte assure l'avantage
Au peuple industrieux ensemble et conquérant
Dont elle sera le partage.
De tous les élémens du bonheur des Français
Aucun n'échappe à sa pensée.
Le Héros a mûri ces immenses projets,
Et d'en préparer le succès
La sagesse s'est empressée.
Il règne enfin par ses exploits
Sur cette région antique et révérée,
Qui déjà, sous ses douces lois,
A revu du bonheur l'aurore désirée !

Plus loin, l'Empereur prend les rênes du Gouvernement. Quelle suite de faits héroïques !

Ici, de la postérité
Devançant le tardif hommage,
La voix publique lui présage
Une double immortalité.
Guerrier, aux champs de la victoire,
Il a conquis le nom de grand;
Du législateur maintenant
Son front va ceindre encor la gloire.

De nos dissentions il dissipe l'horreur.
La puissance de son génie,
De l'impitoyable anarchie,
Seule a su dompter la fureur.

De nos antiques lois l'imparfait édifice
Laissait à la raison de pénibles regrets.
Le Héros veille à tout, et déjà la justice
S'appuie avec orgueil sur le code français.

De la religion il a vengé l'offense!
Par-tout les temples sont ouverts,
Et de nos pères la croyance,
Le culte du vrai dieu, du dieu de l'univers,
Par-tout répand enfin son heureuse influence.

Du midi de l'Empire il assure les mers,
Et tranquille sur son rivage,
Le français, du maure sauvage,
N'a plus à redouter les fers.

Des rivages de la Neustrie
Il court aux fiers enfans du nord;
Il chasse loin de notre bord
L'ennemi, qui, de la patrie,
D'avance partageait le sol et les trésors,
Et, de ce peuple, la furie
S'est consumée en vains efforts.

De la foi des traités observateur fidèle,
    Il sait les faire respecter.
    Le Saxon n'ose s'agiter.
    L'Espagne est à jamais fidèle.
    De sa défaite encor nouvelle,
L'Autriche gardera long-tems le souvenir.
    Naples enfin a vu punir
Le parjure et l'orgueil d'une reine cruelle.

Parmi ce grand nombre de tableaux, dont je vous indique seulement quelques-uns, j'en distingue deux encore. Le premier est l'organisation de l'instruction publique.

Des lettres, des beaux-arts trop long-tems négligés,
    L'Etat lui doit la renaissance;
    Il triomphe de l'ignorance,
    De l'erreur et des préjugés.
Des Muses son palais est devenu le temple.
    Protecteur de tous les talens,
    Lui-même il est de nos savans
    Et le chef et l'exemple !

Dans le second tableau, l'Empereur donne la paix à ses ennemis vaincus. Ecoutons-le, c'est lui qui parle.

    Du bonheur qu'au peuple français
    Garantit enfin sa puissance,
Ses ennemis jaloux, dans leur folle imprudence,
Avaient conçu l'espoir d'arrêter les progrès.
Ils osaient se flatter de ternir notre gloire !
    Du courage de nos guerriers

Perdant tout-à-coup la mémoire;
Ils rêvaient déjà la victoire
Et se partageaient nos foyers.
Mais pour dissiper leur armée,
Il a suffi du signal des combats;
Ils n'ont pu de nos fiers soldats
Soutenir la valeur à vaincre accoutumée.
Cependant au milieu de mes plus beaux succès,
Exempt d'orgueil et de vengeance,
Je n'ai de mes travaux placé la récompense
Que dans une éternelle paix.
Mes vœux n'aspirent point à l'empire du monde;
Mais au sein d'une paix profonde,
Je veux assurer aux Français,
De leurs prospérités une source féconde.
Je veux que leurs nombreux vaisseaux
Naviguant sans inquiétude,
Libres de toute servitude,
N'aient à craindre que les flots.
Au commerce de ma Patrie
Je veux rendre la liberté;
Et d'une audace trop hardie,
Réprimant la témérité,
N'admettre sur les mers d'autre rivalité
Que les efforts d'une noble industrie.
La gloire des Français ne doit plus s'éclipser,
Mes soins ont revêtu leur Empire durable
D'un pouvoir assez formidable
Pour punir l'ennemi qui voudrait l'offenser.

Enfin, ajoutai-je, j'aperçois, au milieu de la voûte, le sujet le plus heureux qui ait jamais exercé des pinceaux! C'est l'Impératrice se livrant à son occupation de tous les jours, de de tous les instans, et répandant en tous lieux ses bienfaits. Regardez-la.

En la créant, les Dieux, ivres de leur ouvrage,
Procédèrent sans ordre et sans formalité.
Si qu'on s'aperçoit bien qu'elle eut d'eux en partage
Les graces, les vertus, l'esprit et la bonté.
Mais duquel de ces dons a-t-elle davantage?
 On ne le sait, en vérité.

J'aime et je partage votre espoir, me dit M. B......; puisse-t-il être bientôt réalisé !

Pendant cette conversation, nous avions fait le tour des appartemens, et nous nous retrouvâmes dans la cour. La matinée avait été belle; mais les nuages s'assemblaient à l'horison et devenaient plus nombreux à chaque instant.

Tel, au sein des vallons, quand le char du soleil
S'éloigne radieux de l'orient vermeil,
Vous avez vu souvent les vapeurs condensées
Se former lentement; et d'abord dispersées,
Se rapprocher, s'unir, s'accroître par degrés,
Abandonner enfin le vert tapis des prés,
Sur le sommet des monts s'élever avec grâce,
Les franchir et bientôt s'élançant dans l'espace,
S'arrondir en flocons emportés par le vent,
Ou flotter dans les airs en longs rézeaux d'argent.

Partons, me dit M. B......, la journée sera pluvieuse. Que ferions-nous ici ?

Nous courûmes sur la place d'armes, nous jeter dans une voiture semblable à celle qui nous avait amenés de Paris. A peine fûmes nous en route que la pluie tomba. Tout en regrettant de n'avoir pu passer encore ce jour à Versailles, nous arrivâmes à Sèvres, et de Sèvres à Paris, enfermés autant qu'il nous était possible, dans notre voiture, et n'ayant par conséquent rien vu sur la route, *qui soit digne de vous être raconté.*

Nous mîmes pied à terre aux Tuileries. Là, se termina, grâce à Dieu! de la manière la plus heureuse, un voyage courageusement entrepris, exécuté de même, et moins pénible que long! Vous riez? Oui, long!

Car moi, jamais je n'envisage
Que le terme de mon voyage.
Dois-je y souffrir?
Dois-je y jouir?
La distance est courte ou lointaine.
J'arrive trop tôt pour la peine,
Trop tard pour le plaisir!

Je me rapprochais de vous! Je venais de faire mille lieues!

Tel est, madame, le détail exact de mon Voyage à Versailles. J'espérais aller moi-même vous en faire le récit. Mais un motif que vous connaissez, me retient pour quelques jours à Paris. Impatiente et bonne, vous voulez savoir, mais tout de suite, ce qui m'est arrivé ; j'ai satisfait à votre désir ; puissiez-vous m'en savoir quelque gré !

> O vous, dont l'amabilité,
> Et la douceur enchanteresse,
> Auprès de vous fixent sans cesse
> Et les plaisirs et la gaîté,
> Vous me plaindrez de mon martyre;
> Et pour juger mon désespoir,
> Il vous suffira de vous dire :
> Il sera huit jours sans me voir !
> Mais en vain, constant à me nuire,
> Le sort m'est contraire aujourd'hui.
> Je vais être heureux malgré lui !
> Malgré lui j'ai pu vous écrire !

Alexandre DE FERRIERE.

NOTES.

Page 11, *ligne* 15.

Mousseaux, qui, d'un prince peu sage, etc.

J'ai tâché de conserver aux châteaux et aux villages des environs de Paris, le genre de réputation qui est propre à chacun d'eux.

Mousseaux est situé sur le sommet d'une colline, qui manque d'eau; le sol en est ingrat et sablonneux. Pour vaincre ces obstacles, le dernier duc d'Orléans a dépensé dans Mousseaux des sommes immenses. On a long-tems appelé ce séjour, les *Folies de Chartres*, du nom que portait alors Philippe d'Orléans.

Bagatelle est devenu, depuis quelques années, la promenade des gens riches et à la mode. On ne connaît presque plus d'autre lieu de rendez-vous pour la *bonne compagnie*.

L'abbaye de Longchamps a été détruite pendant la révolution. Elle était située au milieu des plus beaux arbres du bois de Boulogne. Les promenades à Longchamps, pendant la semaine sainte, ont encore lieu.

Les vins de Surenne sont fameux à Paris. Jadis, ils y étaient singulièrement estimés. Mais tout dégénère! En 1725, il y eut dans la faculté de médecine, une thèse qui prouvait que les vins de Surenne étaient, sinon plus agréables, du moins plus sains que ceux de Bourgogne et de Champagne. Depuis ce tems, les habitans de ce village disent à leurs amis : *Buvez de notre vin ; il ne vous fera pas de mal ; il est sûr.* (Description des environs de Paris.)

Saint-Cloud est également renommé par ses fêtes qui, pendant le mois de septembre, attirent tout Paris ; et par ses belles eaux, qui font le principal ornement de ces fêtes.

Les porcelaines de la manufacture de Sève sont encore sans rivales. Elles ont acquis depuis peu un nouveau prix, par l'élégance de leurs formes et la pureté de goût de leurs ornemens.

Les jardins de Bellevue sont sur-tout admirés pour l'abondance de leurs eaux et pour la fraîcheur de leur verdure. Nulle part le terrain n'offre plus de difficultés ; nulle part on n'a ménagé avec plus d'adresse et en plus grand nombre, des points de vue pittoresques et rians.

En 1545, François Rabelais obtint la cure de Meudon. Il fut à-la-fois le pasteur et le médecin de sa paroisse. Il acheva, dans cette cure, sa fameuse satyre de *Pentagruel*. Meudon doit les beautés de son château et de son parc, au Grand-Dauphin, fils de Louis XIV. Ce prince y passa une grande partie de sa vie, et y mourut en 1711.

En 1700, le duc du Maine, fils naturel de Louis XIV et de Madame de Montespan, fit l'acquisition de Sceaux. Il y fixa sa résidence habituelle, et se plut à l'embellir. La duchesse du Maine y tint constamment, jusqu'à sa mort, la cour la plus galante et la plus spirituelle. Après elle, Sceaux appartint à ses fils, le prince de Dombes et le comte d'Eu. Le duc de Penthièvre l'acheta après la mort du comte d'Eu ; il le céda à sa fille, la duchesse d'Orléans, qui le possédait encore à l'époque de la révolution.

Ces noms suffisent pour retracer l'idée de toutes les vertus. Florian, attaché au service du duc de Penthièvre, et chéri de ce bon prince, est mort à Sceaux, il y a quelques années, victime des souffrances qu'il avait essuyées sous le *gouvernement révolutionnaire*.

Fontenay-aux-Roses et ainsi nommé des champs de roses cultivés dans ses environs. L'aimable abbé de Chaulieu, *l'Anacréon du Temple*, avait une maison de campagne à Fontenay-aux-Roses.

Pendant la belle saison, et sur-tout au printems, à la floraison des lilas, les bois de Romainville et les prés Saint-Gervais sont un vaste jardin qui présente de toutes parts les plus agréables promenades.

Saint-Louis aimait à s'asseoir, au sortir de la messe, sous les chênes du parc de Vincennes. Là, comme un bon père au milieu de ses enfans, il écoutait les plaintes de ses sujets, et leur rendait la justice, sans frais et sans lenteur.

Les belles cerises de la vallée de Montmorenci sont les plus estimées de toutes celles que l'on mange à Paris.

Jean-Jacques Rousseau a rendu célèbre, par le long séjour qu'il y fit, l'Hermitage de Montmorenci. C'est dans ce lieu qu'il composa ses principaux ouvrages.

Moulin-Joli, sur la Seine, près d'Argenteuil, est une habitation délicieuse. Moulin-Joli, Mousseaux et Bagatelle ont inspiré à M. Delille des vers charmans, que je ne cite point parce qu'ils sont dans la bouche de tout le monde, ainsi que les autres productions du chantre des Jardins.

Page 13, *ligne* 4.

Mais lorsque j'aurai sous les yeux, *etc.*

La nature avait tout refusé à Versailles. Le sol irrégulier, le manque d'eau et la situation défavorable semblaient le condamner à la nullité. Louis XIV, qui aimait les choses extraordinaires, parce qu'il avait le génie nécessaire pour les exécuter, créa Versailles, peut-être par cela même qu'il fallait tout y créer.

Page 13, ligne 16.

Près de ce pont fameux où se déploie et flotte, etc.

Tout le monde sait que les voitures pour les environs de Paris, sont répandues sur le quai entre le pont de la Concorde et le pont des Tuileries; mais tout le monde ne sait peut-être pas que jusqu'au moment où la galiote part pour Saint-Cloud, un drapeau placé sur le pont des Tuileries, indique au voyageur qu'il peut augmenter encore l'équipage du navire.

Page 16, ligne 7.

C'est de ce lieu qu'on aperçoit, etc.

Le couvent des *Bons-Hommes*, à Passy, était réellement le seul en France de la règle à laquelle il devait son nom. Ce couvent est maintenant une manufacture de coton.

Page 16, *ligne* 22.

Rappelant à notre mémoire, etc.

Le voyage de Saint-Cloud, par terre et par mer, modèle d'une plaisanterie fine et ingénieuse, est trop connu pour que j'aie quelque chose à en dire. Le moulin de Javel, sur la rive gauche de la Seine, entre Vaugirard et Issy, était autrefois une guinguette très-renommée, qui a cessé peu-à-peu d'être fréquentée. Aujourd'hui il n'y a plus ni moulin ni cabaret.

Page 17, *ligne* 23.

Lanterne de Démosthènes, etc.

Au milieu des ruines d'Athènes s'élève encore, de nos jours, le monument de Lysicrates, vulgairement connu sous le nom de *Lanterne de Démosthènes*. Ce monument, de marbre blanc, et du siècle d'Alexandre, est l'un des plus curieux et des mieux conservés qui nous restent de l'antiquité. La copie qu'on en voit à Saint-Cloud, est en terre cuite, et sur les mêmes dimensions que l'original. Elle est l'ouvrage des frères Trabuchy, qui l'ont exécutée sous la direction de MM. Legrand et Molinos, architectes.

Page 21, *ligne* 16.

J'adore Constance de R....., etc.

On croira, sans peine, à la vérité de cette anecdote. La révolution, qui a tout changé, excepté le cœur humain, en offre plus d'une semblable!

Page 28, *ligne* 8.

A ce nom, dans les arts si fameux et si beau, etc.

François Mansard, célèbre architecte, florissait sous Louis XIII, et sous la minorité de Louis XIV. Il a inventé les toits à *comble brisé*, auxquels on a donné le nom de *mansardes*. Jules Hardouin Mansard, son neveu, premier architecte de Louis XIV, exécuta, pour la première fois, en 1679, dans les écuries du château de Versailles, ce genre de toits.

Page 29, ligne 11.

Et tandis que seul il pérore, etc.

Depuis quelque tems, on s'occupe de réparations partielles dans le château et dans les jardins de Versailles. Il est à désirer qu'un génie digne de Louis XIV, rende bientôt à son premier éclat, ce monument, l'orgueil de la France, le seul peut-être dont aucune nation ne lui dispute la gloire.

Page 31, ligne 13.

On dit que l'illustre Bernin, etc.

Jean-Laurent Bernin, connu sous le nom de *Cavalier Bernin,* fut appelé en France, par Louis XIV, en 1665. Ce Monarque le combla de bienfaits et d'honneurs. Le Bernin entreprit, par reconnaissance, la statue équestre de Louis XIV. Il y travailla pendant quinze ans; mais comme elle n'était pas ressemblante, il en changea les attributs, et lui donna le nom de *Marcus-Curtius*, Chevalier Romain, qui, l'an de Rome 393, se dévoua pour sa patrie, et se précipita à cheval dans un gouffre ouvert tout-à-coup au milieu du Forum. Les historiens disent que le gouffre se referma sur lui.

Page 35, ligne 25.

C'est ainsi que dans tous les tems, etc.

Le pari du Tapis vert est célèbre dans Versailles. Depuis qu'il est engagé, nul n'a pu le gagner encore. Au reste, cet effet de la cécité n'est point particulier à ce lieu. On le retrouve également par-tout.

Page 36, ligne 26.

Derrière lui, nous apercevions le grand canal, etc.

Le grand canal de Versailles a 32 toises de largeur sur 520 toises de longueur dans un sens, et 800 toises dans l'autre ; ce qui donne une surface d'environ 41,000 toises carrées. On connaît beaucoup de lacs moins étendus.

Page 45, *ligne* 1.

Il commande, et déjà les tems sont arrivés, etc.

La voûte de la grande galerie du château de Versailles, peinte sur les dessins de Ch. Le Brun, et par lui ou par ses élèves, représente l'histoire de Louis XIV, depuis 1661 jusqu'en 1678. Ces belles peintures se dégradent tous les jours, et semblent vouloir bientôt ouvrir une nouvelle carrière au génie des artistes de notre tems.

F I N.

www.ingramcontent.com/pod-product-compliance
Lightning Source LLC
LaVergne TN
LVHW021740080426
835510LV00010B/1303